Völuspá and Hávamál: Old Norse Text and Heathen English Translation

Völuspá and Hávamál: Old Norse Text and Heathen English Translation

Aelfric Avery

Woodharrow Gild Press
2018

First Printing: 2000

Second Printing: 2018

ISBN: 978-1-387-99434-2

Woodharrow Gild Press
Box 170
Vavenby, BC, V0E 3A0 Canada

woodharrowgild@gmail.com

Dedication

To all sincere, good-hearted heathens who care more about the great value of our ancient heathen lore than about their own self-aggrandizement.

Contents

Introduction

Translations of the Elder Edda texts have always posed some issues for Germanic heathens. Most translations have suffered from some grave inadequacy or another. Some translations, such as Lee M. Hollander's, are more poetic but less true to the original text. Hollander's translation also uses obscure archaic language and is somewhat difficult to read for many. Elsa-Brita Titchenell's *Masks of Odin* translation is quite accurate and true to the original text, but it is bound up with Theosophical interpretations which some heathens find unappealing. Titchenell's translation also does not include the entire Elder Edda.

The first translation of the Edda by a heathen for heathens was made by James Chisholm. It is widely respected and considered to be a good translation, especially by members of the Rune Gild. Jackson Crawford has recently published a new translation which is perhaps the easiest to read translation yet and has become very popular among heathens. Crawford's translation is good because it really helps the reader make sense of the text like no other translation to date has been able to. However, Crawford's translation isn't true to the original Old Norse text and in places this can be very misleading.

I won't fault any of the Edda translators for these insufficiencies: it is extremely difficult to find a balance between accuracy and readability. In 1999, I made my own translation of the *Völuspa* and *Hávamál* with the intention of eventually translating the entire Elder Edda. I did this because I felt that the translations I had were not giving me the full picture of what the text was really saying. So I went to the source, the original Old Norse, and made my own translation.

I am a Germanic heathen who takes the elder Norse lore seriously, and as such I have attempted to make my translation as accurate as possible in a way that will be the most beneficial for those who actually practice the Elder Trow, the religion of our ancestors, in their own lives. It has been my intention to convey what the text actually says, without the additions, subtractions, or rationalized interpretations that are found in most translations.

To be able to see the original Old Norse text along side the English translation is very useful for understanding the actual meaning of the text. The fact that most English translations do not give the original Old Norse text is something I would consider a substantial shortcoming. Therefore in my translation, I have included the original Old Norse text line for line with the English translation.

My translation began as being completely literal. Originally I even left the Old Norse syntax intact in my translation. However, this made the translation not very readable, so I then changed it to English syntax in an attempt to make a translation which is both as literal as possible and as readable as possible.

One problem in this regard with translating Old Norse poetry is that sentences or phrases are sometimes broken up over two or three lines. When this happens, the translator can change the Old Norse syntax to modern English syntax within a line, but it is not possible to make the entire sentence flow properly in modern English without taking some words out of their proper line and putting them into another. In the past, some translators have done this. However, I find that when this is done it makes it very difficult for the reader to tell which words are actually in which lines of the Old Norse. If one is trying to learn Old Norse from reading the translation beside the text, this can be frustrating. Therefore I have not done this, rather I have only included words in a translated line that are in the corresponding Old Norse line. The modern English syntax of the translation suffers slightly for this, but I believe it is better than the alternative.

Back in my Theodish days, I remember hearing Anglo-Saxon Theodsmen say they didn't really use the Eddas because they were Scandinavian lore, not Anglo-Saxon. Nevertheless, the modern Anglo-Saxon heathen lore is for the most part nothing more than Anglo-Saxonized Norse lore from the Eddas. It can safely be said that the Eddas, though of Scandinavian origin, are invaluable sources of heathen lore for the descendants of all Germanic tribes. Many have theorized that the contents of the Eddas actually originated in Germany, and that the surviving Norse forms of the poems found in the Edda are only later forms of the myths.

Indeed there is much evidence to support this.

However, in the final analysis, it matters not whether the Edda stories originated in Germany or in Scandinavia. The bottom line is that a sufficient re-establishment of any type of modern Germanic heathenry would not be possible without the Eddas. Therefore the Eddas can be embraced by the descendants of every Germanic tribe and practitioners of any tribal variety of Germanic religion. There is nothing truly foreign to any person of Germanic descent about the language, music or poetry of any Germanic tribe. The same language, poetic form and musical style originally would have been common to all of the Germanic tribes from Proto-Germanic origins. Any differences of style amongst them would only have been later developments.

Even those differences would have been known throughout the Germanies. We know from the Norse Sagas, Anglo-Saxon writings and other sources that the Germanic poet (*skald* or *scop*), often traveled amongst a number of different tribes performing his art. Certainly this constant movement of poets/musicians, and therefore their craft, would have spread any specific characteristics of a tribe's music and poetry throughout the tribes they visited. As the styles of other tribes became regularly used at home, this activity would naturally produce a certain degree of musical and poetic uniformity amongst the Germanic tribes. When taken as a whole, this would result in what we can look at as a somewhat "Pan-Germanic" music and poetry style and content from which different tribes would naturally favor different elements.

In the early Germanic world, the language of a traveling *skald* or *scop* would be understood in any Germanic tribe he visited because the languages were originally all dialects of common Germanic. As time went on and the languages began to diverge more and more, the best of poets would surely be fluent in the languages of those he traveled among, and would no doubt also be well versed in their poetic material.

Much of the *Elder Edda's* basic mythical content is of Indo-European origin, as comparative Indo-European studies show, though the material in its current poetic form only survived in Old Norse. The *Elder Edda* is filled with stories about Goths and Burgundians that had their origins centuries earlier in the Migration Period, and which were known and told by all the Germanic peoples. Many of the specifically Eddaic forms of the myths likely also had their origins among the Goths and other East-Germanic peoples of the Migration Period.

I hope that by making these Edda texts available in a heathen English translation with the original Old Norse text included, that everyone who practices Germanic religion will be encouraged to make use of this traditional lore for their own studies, personal development and rituals, either in Old Norse, modern English or both, with clear understanding.

Völuspá

1. Hljóðs bið ek allar
helgar kindir,
meiri ok minni
mögu Heimdallar;
viltu, at ek, Valföðr,
vel framtelja
forn spjöll fíra,
þau er fremst um man.

I ask all to hear,
you holy kindred,
greater and lesser
sons of Heimdall;
Valfather, do you want me
to foretell well
the world's ancient tales,
the earliest I remember?

2. Ek man jötna
ár um borna,
þá er forðum
mik fœdda höfðu;
níu man ek heima,
níu íviði,
mjötvið mœran
fyr mold neðan.

I remember ettins (2)
born early on,
they who long ago
had nurtured me;
I remember nine worlds,
nine abodes,
on the famous world tree
the first beneath the earth.

3. Ár var alda
þar er Ýmir bygði,
vara sandr né sær
né svalar unnir,
jörð fannsk æva,
né upphiminn,
gap var ginnunga,
en gras hvergi.

In the first age
when Ymir built,
there was neither sand nor sea
nor salty waves,
earth was not found,
nor upper heaven;
there was only an abyss of nothing,
and no grass anywhere.

4. Áðr Burs synir
bjöðum um ypðu,
þeir er Miðgarð
mœran skópu;
sól skein sunnan
á salar steina,
þá var grund gróin
grœnum lauki.

Until Bur's sons
raised the land,
they who Midgard (7)
famously shaped;
the sun shone from the south
on the stones of the hall,
then was the ground covered
with the growth of green leeks.

5. Sól varp sunnan,
sinni mána,
hendi inni hœgri
um himinjódyr;
sól þat ne vissi
hvar hon sali átti,
máni þat ne vissi
hvat hann megins átti,
stjörnur þat ne vissu
hvar þær staði áttu.

From the south the sun was thrown,
companion of the moon,
her right hand
around heaven's rim;
sun did not know
what hall she had,
moon did not know
what main (6) he had,
stars did not know
what places they had.

6. Þá gengu regin öll
á rökstóla,
ginnheilug goð,
ok um þat gættusk;
nátt ok niðjum,
nöfn um gáfu,
morgin hétu
ok miðjan dag,
undorn ok aptan,
árum at telja.

Then all the rulers went
to their judgment thrones,
great holy gods,
and held council about this;
to Night and her children
they gave names;
they named Morning
and Mid-Day,
Afternoon and Evening,
to tell the time.

7. Hittusk æsir
á Iðavelli,
þeir er hörg ok hof
hátimbruðu,
afla lögðu,
auð smíðuðu,
tangir skópu
ok tól görðu.

The Æsir (1) met
on the Ida plain,
harrows (4) and hofs (3) they
timbered high,
they founded forges,
smithed gold,
shaped tongs
and made tools.

8. Tefldu í túni,
teitir váru,
var þeim vettugis
vant ór gulli;
unz þrjár kvámu
þursa meyjar
ámátkar mjök
ór jötunheimum.

They played Tafl (12) in the meadow,
they were joyful,
for them there was no
want of gold;
until three came,
thurs (14) maidens
of great strength
from Ettin-Home (2).

9. Þá gengu regin öll
á rökstóla,
ginnheilug goð,

Then all the rulers went
to their judgment thrones,
great holy gods,

ok um þat gættusk:
hverr skyldi dverga
drótt um skepja
ór brimi blóðgu
ok ór Bláins leggjum

and held council about this:
dwarfs each they must
shape a troup of,
from Brimir's blood
and from Blain's limbs.

10. Þar var Móðsognir
mæztr um orðinn
dverga allra,
en Durinn annarr;
þeir mannlíkun
mörg um görðu
dvergar í jörðu,
sem Durinn sagði.

There was Móthsognir
who became the greatest
of all the dwarfs,
but the second was Durin;
manlike figures,
many they made,
dwarfs in the earth,
as Durin said.

11. Nýi, Niði,
Norðri, Suðri,
Austri, Vestri,
Alþjófr, Dvalinn,
Bifurr, Bafurr,
Bömburr, Nori,
Ánn ok Ánarr,
Ái, Mjöðvitnir.

Nýi, Nithi,
Northri, Suthri,
Austri, Vestri,
Althjófr, Dvalinn,
Bifurr, Bafurr,
Bömburr, Nori,
Ánn and Ánarr,
Ái, Mjöthvitnir.

12. Veggr ok Gandálfr,
Vindálfr, Þorinn,
Þrár ok Þráinn,
Þekkr, Litr ok Vitr,
Nýr ok Nýráðr,
nú hefi ek dverga,
Reginn ok Ráðsviðr,
rétt um talða.

Veggr and Gandálfr,
Vindálfr, Thorinn,
Thrár and Thráinn,
Thekkr, Litr and Vitr,
Nýr and Nýráthr,
Now of the dwarfs I have,
Reginn and Ráthsvithr,
rightly told.

13. Fili, Kili,
Fundinn, Nali,
Hepti, Vili,
Hanarr, Svíurr,
Frár, Hornbori,
Frægr ok Lóni,
Aurvangr, Jari,
Eikinskjaldi.

Fili, Kili,
Fundinn, Nali,
Hepti, Vili,
Hanarr, Svíurr,
Frár, Hornbori,
Frægr and Lóni,
Aurvangr, Jari,
Eikinskjaldi.

14. Mál er dverga
í Dvalins liði,
ljóna kindum
til Lofars telja,
þeir er sóttu
frá salar steini
Aurvanga sjöt
til Jöruvalla.

It is time to tell of the dwarfs
of Dvalin's tribe,
to mankind,
from Lofar, as is told,
those who left
from stone halls,
Aurvanga's homes
up to Earth Vales.

15. Þar var Draupnir
ok Dólgþrasir,
Hár, Haugspori,
Hlévangr, Glóinn,
Skirfir, Virfir,
Skafiðr, Ai.
Álfr ok Yngvi,
Eikinskjaldi,
Fjalarr ok Frosti,
Finnr ok Ginnarr;
þat man æ uppi,
meðan öld lifir,
langniðja tal
Lofars hafat.

There was Draupnir
and Dólgthrasir,
Hár, Haugspori,
Hlévangr, Glóinn,
Skirfir, Virfir,
Skafiðr, Ai.
Álfr and Yngvi,
Eikinskjaldi,
Fjalarr and Frosti,
Finnr and Ginnarr;
recalled in memory,
while the world lives
this list shall be,
of Lofar's ancestry.

16. Unz þrír kvámu
ór því liði
öflgir ok ástkir,
æsir at húsi,
fundu á landi
lítt megandi
Ask ok Emblu
örlöglausa.
Önd þau ne áttu,
óð þau ne höfðu,
lá né læti
né litu góða.

Then three came
of that tribe,
mighty and compassionate,
the Æsir (1) to the house;
they found on the land
of little main (6),
Ask and Embla
without any orlay (9).
They did not have the breath of life,
they did not have Od (8),
or appearance or bearing
or lively hues.

17. Önd gaf Óðinn,
óð gaf Hœnir,
lá gaf Lóðurr
ok litu góða.

Odin gave breath of life,
Hœnir gave Od (8),
Lóthur gave appearance
and lively hues.

18. Ask veit ek standa,
heitir Yggdrasill
hár baðmr, ausinn
hvíta auri;
þaðan koma döggvar
þærs í dala falla;
stendr æ yfir grœnn
Urðar brunni.

I know an ash that stands,
called Yggdrasill,
a tall tree, watered
with shining white;
from there come the dews
that fall in the dales;
it stands ever green over
Urd's well.

19. Þaðan koma meyjar
margs vitandi
þrjár, ór þeim sal
er und þolli stendr;
Urð hétu eina,
aðra Verðandi,
skáru á skíði,
Skuld ina þriðju;

From there come maidens
greatly knowing,
three from the lake
which stands under the tree;
one is called Urd,
the second, Verthandi,
they cut the tine,
Skuld the third;

20. þær lög lögðu,
þær líf kuru
alda börnum,
örlög seggja.

they laid down layers,
they chose lives
for men's children,
they spoke orlay (9).

21. Þat man hon fólkvíg
fyrst í heimi,
er Gullveig
geirum studdu
ok í höll Hárs
hana brendu;

She remembers the battle
the first in the world,
when Gullveig
was studded with spears
and in the hall of Har
they burned her;

22. þrysvar brendu
þrysvar borna,
opt, ósjaldan,
þó hon enn lifir.

three times she burned,
three times she was reborn,
often, not seldom,
yet she still lives.

23. Heiði hana hétu,
hvars til húsa kom,
völu velspá,
vitti hon ganda,
seið hon hvars kunni,
seið hon hugleikin,
æ var hon angan
illrar brúðar.

She was called Heithi,
when she came to houses,
the seer prophesied well,
she used witchcraft,
sorcery where she could,
she possessed sorcery,
she was ever dear
to evil women.

24. Þá gengu regin öll
á rökstóla,
ginnheilug goð,
ok um þat gættusk:
hvárt skyldu æsir
afráð gjalda,
eða skyldu goðin öll
gildi eiga?

Then all the rulers went
to their judgment thrones,
great holy gods,
and held council about this:
whether the Æsir (1) must
pay the tribute,
or must all the gods
share in the yield?

25. Fleygði Óðinn
ok í fólk um skaut,
þat var enn fólkvíg
fyrst í heimi;
brotinn var borðveggr
borgar ása,
knáttu vanir vígspá
völlu sporna.

Odin heaved a spear
and it shot into the warriors,
it was now a battle:
the first in the world;
the board-wall was broken
the burg of the Æsir (1),
with a battle spell the Vanir (17)
advanced successfully.

26. Þá gengu regin öll
á rökstóla,
ginnheilug goð,
ok um þat gættusk:
hverr hefði lopt allt
lævi blandit
eða ætt jötuns
Óðs mey gefna.

Then all the rulers went
to their judgment thrones,
great holy gods,
and held council about this:
who had all the air
filled with evil
or to the family of ettins
Given Od's (8) maid? [Freyja]

27. Þórr einn þar vá
þrunginn móði,
hann sjaldan sitr
er hann slíkt um fregn;
á gengust eiðar,
orð ok sœri,
mál öll meginlig
er á meðal fóru.

Thor alone struck there,
swollen with wrath,
he seldom sits
when he hears about such;
oaths were broken,
words and vows,
all powerful pledges
which got in between.

28. Veit hon Heimdallar
hljóð um fólgit
undir heiðvönum
helgum baðmi;
á sér hon ausask
aurgum forsi

She knows Heimdall's
sound is hidden
under the bright-nurtured
holy tree;
she sees a stream
that pours in showers

af veði Valföðrs.
Vituð ér enn eða hvat?

from Valfather's forfeit.
Do you want to know more, or what?

29. Ein sat hon úti,
þá er inn aldni kom
yggjungr ása
ok í augu leit.
Hvers fregnið mik?
hví freistið mín?
alt veit ek, Óðinn!
hvar þú auga falt:
í inum mœra
Mímis brunni;
drekkr mjöð Mímir
morgin hverjan
af veði Valföðrs.
Vituð ér enn eða hvat?

She sat out alone,
when the Old-One came in,
terrifying son of the Æsir (1)
and looked into her eyes.
Why do you question me?
Why do you test me?
I know all, Odin!
where you hid your eye:
in the famous
well of Mímir;
Mímir drinks mead
every morning
from Valfather's forfeit.
Do you want to know more, or what?

30. Valði henni Herföðr
hringa ok men,
féspjöll spaklig
ok spáganda;
sá hon vítt ok um vítt
of veröld hverja.

The Father-of-Lords chose for her
rings and gems,
and he gained wisdom
and prophesy;
she saw far and far about
over every world.

31. Sá hon valkyrjur
vítt um komnar
görvar at ríða
til Goðþjóðar:
Skuld hélt skildi,
en Skögul önnur,
Gunnr, Hildr, Göndul
ok Geirskögul;
nú eru talðar
nönnur Herjans,
görvar at ríða
grund valkyrjur.

Saw she valkyries
come from far around,
ready to ride
to the Goth-tribes:
Skuld held the shield,
and Skögul as well,
Gunnr, Hildr, Göndul
and Geirskögul;
now are told
the maidens of the Battle-Lord,
ready to ride
the valkyries over the earth.

32. Ek sá Baldri,
blóðgum tívur,
Óðins barni
örlög fólgin:
stóð um vaxinn

I saw for Balder,
of the bloody sacrifice,
Odin's child
the hidden orlay (9):
stood about growing

völlum hæri	*higher than the fields,*
mjór ok mjök fagr	*slender and most fair,*
mistilteinn.	*the mistletoe.*

33. Varð af þeim meiði,	*From that sprig became,*
er mér sýndisk,	*which, slender-seeming,*
harmflaug hættlig,	*a dangerous sorrow-missile,*
Höðr nam skjóta.	*Hoth took a shot.*
Baldrs bróðir	*Balder's brother*
var of borinn snemma,	*was born soon,*
sá nam Óðins sonr	*then Odin's son took vengeance*
einnættr vega.	*And killed, at one night old.*

34. Þó hann æva hendr	*Yet he washed neither hands*
né höfuð kembði,	*nor combed his hair,*
áðr á bál um bar	*before he bore to the bale-fire*
Baldrs andskota;	*Balder's slayer;*
En Frigg um grét	*but Frigga wept*
í Fensölum	*in Fensalir,*
vá Valhallar.	*woe of Valhalla.*
Vituð ér enn eða hvat?	*Do you want to know more, or what?*

35. Hapt sá hon liggja	*She saw a bound one lying*
undir hvera lundi	*under the kettle grove,*
lægjarnlíki	*likened to the lawless,*
Loka áþekkjan;	*Loki certainly;*
þar sitr Sigyn	*there sits Sigyn,*
þeygi um sínum	*yet not with her*
ver vel glýjuð.	*husband glad.*
Vituð ér enn eða hvat?	*Do you want to know more, or what?*

36. Á fellr austan	*From the east flows in*
um eitrdala	*through venom-dales*
söxum ok sverðum,	*knives and swords,*
Slíðr heitir sú.	*it is called Sheath.*
Stóð fyr norðan	*In the north stood before*
á Niðavöllum	*on the Lower-Vales*
salr ór gulli	*a hall of gold,*
Sindra ættar;	*of Sindri's family;*
en annarr stóð	*but another stood*
á Ókólni,	*in Not-Cold,*
bjórsalr jötuns,	*the beer-hall of the ettins (2),*
en sá Brímir heitir.	*which is called Brimir.*

37. Sal sá hon standa
sólu fjarri,
Náströndu á,
norðr horfa dyrr;
féllu eitrdropar
inn um ljóra,
sá er undinn salr
orma hryggjum.

She saw a hall standing
distant from the sun,
on Corpse-Shore,
the door faces north;
venom-drops fall
in through the smoke-hole,
which is woven, the hall
of worm (16) spines.

38. Sá hon þar vaða
þunga strauma
menn meinsvara
ok morðvarga
ok þanns annars glepr
eyrarúnu;
þar saug Níðhöggr
nái framgengna,
sleit vargr vera.
Vituð ér enn eða hvat?

She saw there wading
difficult streams,
men who broke oaths
and wolf-like murderers
and the seducers of others
trusted wives;
there Níthhogg sucks
on the bodies of the foregone,
wolves slit men.
Do you want to know more, or what?

39. Austr sat in aldna
í Járnviði
ok fœddi þar
Fenris kindir;
verðr af þeim öllum
einna nökkurr
tungls tjúgari
í trolls hami.

In the east the Old-One sat
in the Ironwoods
and fostered there
Fenrir's kindred;
will come from them all,
one of them,
a moon-taker
in a troll's form.

40. Fyllisk fjörvi
feigra manna,
rýðr ragna sjöt
rauðum dreyra;
svört verða sólskin
um sumur eptir,
veðr öll válynd.
Vituð ér enn eða hvat?

He fills up on the life
of doomed men,
he colors the ruler's seats
with red blood;
The sun's rays become black
through summers after,
the weather all hateful.
Do you want to know more, or what?

41. Sat þar á haugi
ok sló hörpu
gýgjar hirðir
glaðr Egðir;
gól um hánum

Sat there on a mound
and struck the harp
the ogress's herder
glad Egthir;
around him crowed

í gaglviði
fagrrauðr hani,
sá er Fjalarr heitir.

in Gallows-Wood
the fair-red cock,
who is called Fjalar.

42. Gól um ásum
Gullinkambi,
sá vekr hölða
at Herjaföðrs;
en annarr gelr
fyr jörð neðan
sótrauðr hani
at sölum Heljar.

Around the Æsir (1) crowed
Golden-Comb,
he wakes the heroes
at Her-Father's;
but another crows
beneath the earth,
a soot-red cock
in the halls of Hel.

43. Geyr Garmr mjök
fyr Gnípahelli;
festr man slitna,
en Freki renna.
Fjöld veit hon frœða,
fram sé ek lengra,
um ragnarök;
römm sigtíva.

Garm howls loud
before the Gnipa cave;
the fast-held shall break,
and Freki runs free.
She knows much of wisdom,
yet see I farther,
through to the ruler's doom;
hard fate of victory gods.

44. Brœðr munu berjask
ok at bönum verðask,
munu systrungar
sifjum spilla;
hart er í heimi,
hórdómr mikill,
skeggjöld, skálmöld,
skildir 'ru klofnir,
vindöld, vargöld,
áðr veröld steypisk;
man engi maðr
öðrum þyrma.

Brothers will fight
and become dead,
sons of sisters shall
spoil kinship;
hardness is in the world,
great whoredom,
axe-age, sword-age,
shields are cloven,
wind-age, wolf-age,
before the world falls;
no man will
spare another.

45. Leika Míms synir,
en mjötuðr kyndisk,
at inu gamla
Gjallarhorni;
hátt blæss Heimdallr,
horn er á lopti;
mælir Óðinn
við Míms höfuð.

The play of Mím's sons,
the Measurer kindles,
at the clear sound
of Gjallarhorn;
Heimdall loudly blows,
the horn when in the sky;
Odin speaks
with Mím's head.

Skelfr Yggdrasils
askr standandi,
ymr it aldna tré,
en jötunn losnar.

Yggdrasill shivers,
the ash where it stands,
the old tree moans,
and the ettin (2) is loosed.

46. Hvat er með ásum?
hvat er með álfum?
gnýr allr jötunheimr,
æsir 'ru á þingi;
stynja dvergar
fyr steindurum
veggbergs vísir.
Vituð ér enn eða hvat?

What is with the Æsir (1)?
What is with the Elves?
all Giant-Home (2) bellows,
the Æsir (1) are in Thing;
the dwarfs moan
before stone doors,
who are wise of way-burgs.
Do you want to know more or what?

47. Geyr nú Garmr mjök
fyr Gnípahelli;
festr man slitna,
en freki renna.

Garm howls loud
before the Gnipa cave;
the fast-held shall break,
and Freki runs free.

48. Hrymr ekr austan,
hefisk lind fyrir.
Snýsk Jörmungandr,
í jötunmóði:
ormr knýr unnir,
en ari hlakkar,
slítr nái niðfölr.
Naglfar losnar.

Hrymir comes from the east,
he raises a shield before him.
Jormungand writhes,
in ettin-anger (2):
the worm (16) stirs the waves,
and the eagle shrieks,
it slits corpses beneath.
Naglfar is sent forth.

49. Kjóll ferr austan,
koma munu Muspells
um lög lýðir,
en Loki stýrir;
fara fíflmegir
með Freka allir,
þeim er bróðir
Byleists í för.

A ship fares from the east,
it shall come from Muspell
through ocean waters,
and Loki is the steersman;
the ettin-kin (2) fare
with Freki all,
with whom the brother
of Byleist fared in.

50. Surtr ferr sunnan
með sviga lævi,
skínn af sverði
sól valtíva.
Grjótbjörg gnata,
en gífr hrata;

Surt fares from the south
with the burner of branches,
shining from his sword,
sun of the slaughter-god.
High-mountains burst,
and hags ride;

troða halir helveg,
en himinn klofnar.

the heroes walk the way of Hel,
and heaven is cloven.

51. Þá kemr Hlínar
harmr annarr fram,
er Óðinn ferr
við úlf vega,
en bani Belja
bjartr at Surti;
þar man Friggjar
falla angan.

Then comes Hlín's
other sadness yet,
when Odin fares forth
and fights against the wolf,
and the bane of Beli
bright against Surt;
there shall Frigga's
husband fall.

52. Þá kemr inn mikli
mögr Sigföður
Viðarr vega
at valdýri;
lætr hann megi hveðrungs
mund um standa
hjör til hjarta;
þá er hefnt föður.

Then comes in the great
son of Victory-Father,
Vithar fights
against the slaughter-beast;
the son of Hvethrung
he stabs through the mouth
his sword to the heart;
then his father is avenged.

53. Þá kemr inn mœri
mögr Hlóðynjar,
gengr Óðins sonr
við orm vega;
drepr hann af móði
Miðgarðs véurr;
munu halir allir
heimstöð ryðja;
gengr fet níu
Fjörgynjar burr
neppr frá naðri,
níðs ókvíðnum.

Then comes in the famous
son of Hlóthyn,
Odin's son strides,
he fights against the worm (16);
in anger he slays
Midgard's (7) guardian;
the heroes shall all
ride through the homestead;
He strides nine steps,
Fjorgyn's child
back from the adder,
of vile deeds.

54. Sól tér sortna,
sígr fold í mar,
hverfa af himni
heiðar stjörnur;
geisar eimi
ok aldrnari,
leikr hár hiti
við himin sjálfan.

The sun turns black,
the earth sinks into the sea,
from the heavens turn
the bright stars;
geysers fire
against the life-sustainer,
the heat rises high
against heaven itself.

55. Geyr nú Garmr mjök
fyr Gnípahelli;
festr man slitna,
en freki renna.

Garm howls loud
before the Gnipa cave;
the fast-held shall break,
and Freki runs free.

56. Sér hon upp koma
öðru sinni
jörð ór œgi
iðjagrœna;
falla forsar,
flýgr örn yfir,
sá er á fjalli
fiska veiðir.

She sees come up
another time,
earth out of the sea
again the green;
waterfalls flow,
the eagle flies over,
who is in the hills
Looking for fish.

57. Finnask æsir
á Iðavelli
ok um moldþinur
mátkan dœma,
ok minnask þar
á megindóma
ok á Fimbultýs
fornar rúnar.

The Æsir (1) meet
on the Ida-Vale
and about the earth's
serpent's doom,
they remember there
the mainful (6) judgments,
and Fimbultýr's
ancient runes.

58. Þar munu eptir
undrsamligar
gullnar töflur
í grasi finnask,
þærs í árdaga
áttar höfðu.

After, there shall
miraculous
golden Tafl (12) pieces
be found in the grass,
those which in ancient days
they had owned.

59. Munu ósánir
akrar vaxa,
böls man alls batna,
Baldr man koma;
búa þeir Höðr ok Baldr
Hropts sigtoptir
vel valtívar.
Vituð ér enn eða hvat?

Shall un-sown
acres wax,
bale shall become all better
Balder shall come;
Hoth and Balder dwell
within Hropt's victory walls,
the other battle-gods as well.
Do you want to know more, or what?

60. Þá kná Hœnir
hlut við kjósa
ok burir byggja
brœðra tveggja

Then Hœnir searched
with the divining rods,
and the sons will build,
the two brothers,

vindheim víðan. *In wide Wind-Home.*
Vituð ér enn eða hvat? *Do you want to know more, or what?*

61. Sal sér hon standa *She sees a hall standing*
sólu fegra *more fair than the sun,*
gulli þakðan *thatched with gold*
á Gimlé; *in Gimle;*
þar skulu dyggvar *there shall the virtuous*
dróttir byggja *lords build*
ok um aldrdaga *and through life's days*
ynðis njóta. *enjoy serenity.*

62. Þar kemr inn dimmi *There comes in the dark*
dreki fljúgandi, *the dragon flying,*
naðr fránn neðan *the adder shines beneath*
frá Niðafjöllum; *from the Nitha hills;*
berr sér í fjöðrum *he bears in his feathers,*
flýgr völl yfir *– he flies over the vales –*
Niðhöggr nái. *Corpses, does Nithhogg.*
Nú man hon sökkvask. *Now shall she sink back down.*

Hávamál

1. Gáttir allar,
áðr gangi fram,
um skoðask skyli,
um skyggnast skyli,
því at óvíst er at vita
hvar óvinir
sitja á fleti fyrir.

Through all entrances,
before entering,
you must look around,
you must be alert,
for it is not known
where an enemy
sits before you in the hall.

2. Gefendr heilir!
Gestr er inn kominn,
hvar skal sitja sjá?
Mjök er bráðr
sá er á bröndum skal
síns of freista frama.

Hail to the givers!
a guest comes in,
where will he sit?
In a great hurry
is he who at the fire must
try his luck.

3. Elds er þörf
þeims inn er kominn
ok á kné kalinn,
matar ok váða
er manni þörf,
þeim er hefr um fjall farit.

Fire is needful
for those who come in,
and have cold knees;
of food and clothes
the man is needful,
who has fared on the hills.

4. Vatns er þörf
þeim er til verðar kemr,
þerru ok þjóðlaðar,
góðs um æðis,
ef sér geta mætti
orðs ok endrþögu.

Water is needful
for he who comes and is received,
a towel and a greeting,
and a good disposition,
if he may get it,
to speak words and to listen.

5. Vits er þörf
þeim er víða ratar;
dælt er heima hvat;
at augabragði verðr
sá er ekki kann
ok með snotrum sitr.

Wit is needful
for he who rides widely;
everything is easy at home;
a mockery becomes
he who knows nothing
but sits with the wise.

6. At hyggjandi sinni
skyli-t maðr hræsinn vera,

In his mind,
a man must not be boastful,

heldur gætinn at geði;
þá er horskur ok þögull,
kemr heimisgarða til,
sjaldan verðr víti vörum,
því at óbrigðra vin
fær maðr aldregi
en mannvit mikit.

but careful in manner;
wise and silent when
he comes to the homestead;
seldom woe comes to the wary,
for a more dependable friend
serves man not
than much good sense.

7. Inn vari gestr
er til verðar kemr,
þunnu hljóði þegir,
eyrum hlýðir,
en augum skoðar;
svá nýsisk fróðra hverr fyrir.

The wary guest
who comes and is received,
should listen quietly,
listens with his ears
and seeks with his eyes;
so the wise each look before them.

8. Hinn er sæll
er sér of getr
lof ok líknstafi;
ódæla er við þat,
er maðr eiga skal
annars brjóstum í.

He is blessed,
he who gets
praise and esteem;
uneasy it is with that
which a man must get
in the breast of another.

9. Sá er sæll
er sjálfr of á
lof ok vit, meðan lifir;
því at ill ráð
hefr maðr oft þegit
annars brjóstum ór.

He is blessed
who himself has
praise and wit while living;
for ill-counsel
has man often gotten
from another's breast.

10. Byrði betri
berr-at maðr brautu at
en sé mannvit mikit;
auði betra
þykkir þat í ókunnum stað;
slíkt er válaðs vera.

A better burden
a man cannot bear
than much good sense;
it is better than gold
in an unknown place;
it is protection for the one in need.

11. Byrði betri
berr-at maðr brautu at
en sé mannvit mikit;
vegnest verra
vegr-a hann velli at
en sé ofdrykkja öls.

A better burden
a man cannot bear
than much good sense;
no worse baggage carries
he the way of the field
than the over-drinking of ale.

12. Er-a svá gótt
sem gótt kveða
öl alda sonum,
því at færa veit
er fleira drekkr
síns til geðs gumi.

It is not so good,
as good as it is said,
ale for men's sons,
for a man knows less
when he drinks more:
a man loses his senses.

13. Óminnishegri heitir
sá er yfir ölðrum þrumir;
hann stelr geði guma;
þess fugls fjöðrum
ek fjötraðr vark
í garði Gunnlaðar.

Heron-of-Forgetfulness is called
he who hovers over ale-feasts;
he steals the minds of men;
by this bird's feathers
I was bound
in the courts of Gunnloth.

14. Ölr ek varð,
varð ofrölvi
at ins fróða Fjalars;
því er ölðr bazt,
at aftr um heimtir
hverr sitt geð gumi.

I became drunk,
became very drunk
at wise Fjalar's;
the best ale feast is the one
from which returns home
each man with his senses.

15. Þagalt ok hugalt
skyldi þjóðans barn
ok vígdjarft vera;
glaðr ok reifr
skyli gumna hverr,
unz sinn bíðr bana.

Quiet and thoughtful
must a king's son be
and brave in battle;
glad and joyful
must each man be,
until he endures his bane.

16. Ósnjallr maðr
hyggsk munu ey lifa,
ef hann við víg varask;
en elli gefr
hánum engi frið,
þótt hánum geirar gefi.

The unwise man
thinks he will live forever
if he forgoes battle,
but old age gives
no frith (3) to him,
though spears spare him.

17. Kópir afglapi
er til kynnis kemr,
þylsk hann um eða þrumir;
allt er senn,
ef hann sylg of getr,
uppi er þá geð guma.

The fool gapes
when he comes to kin,
he mumbles or hovers about;
all is seen,
if he gets a swill,
the nature of the man then shows.

18. Sá einn veit
er víða ratar
ok hefr fjölð of farit,
hverju geði
stýrir gumna hverr,
sá er vitandi er vits.

He alone knows
he who widely rides
and has fared much,
what manner
each man has,
he is knowing in wit.

19. Haldi-t maðr á keri,
drekki þó at hófi mjöð,
mæli þarft eða þegi,
ókynnis þess
vár þik engi maðr
at þú gangir snemma at sofa.

A man should not hold on to the horn,
but drink mead moderately,
speak the needful or be silent,
none of the kin,
no man will blame you,
if you go early to bed.

20. Gráðugr halr,
nema geðs viti,
etr sér aldrtrega;
oft fær hlægis,
er með horskum kemr
manni heimskum magi.

A greedy man,
unless he knows manners,
eats his life's misery;
often the belly is ridiculed
when he comes amid the wise,
the foolish man.

21. Hjarðir þat vitu
nær þær heim skulu
ok ganga þá af grasi;
en ósviðr maðr
kann ævagi
síns of mál maga.

The herds know
when they must go home,
and then they go in from the grass;
but the unwise man
never knows
his stomach's measure.

22. Vesall maðr
ok illa skapi
hlær at hvívetna;
hittki hann veit,
er hann vita þyrfti,
at hann er-a vamma vanr.

The wretched man,
and ill-shaped one,
laughs at everything;
however, he knows not,
what he needs to know,
that he is not lacking in flaws.

23. Ósviðr maðr
vakir um allar nætr
ok hyggr at hvívetna;
þá er móðr
er at morgni kemr,
allt er víl sem var.

The unwise man
is wakeful through all the night
and thinks about everything;
then he is tired
when morning comes,
and all problems are as they were.

24. Ósnotr maðr
hyggr sér alla vera
viðhlæjendr vini.
Hittki hann fiðr,
þótt þeir um hann fár lesi,
ef hann með snotrum sitr.

The unwise man
thinks them all to be
his friends, who laugh.
However, he does not see
that they speak scorn about him,
when he sits amid the wise.

25. Ósnotr maðr
hyggr sér alla vera
viðhlæjendr vini;
þá þat finnr
er at þingi kemr,
at hann á formælendr fá.

The unwise man
thinks them all to be
his friends, who laugh;
then he finds
when he comes to the Thing,
that he has few spokesmen.

26. Ósnotr maðr
þykkisk allt vita,
ef hann á sér í vá veru;
hittki hann veit,
hvat hann skal við kveða,
ef hans freista firar.

The unwise man
thinks he knows all,
when he is sheltered in a corner;
however he does not know
what he must speak against
when he is tested by men.

27. Ósnotr maðr
er með aldir kemr,
þat er bazt, at hann þegi;
engi þat veit,
at hann ekki kann,
nema hann mæli til margt;
veit-a maðr,
hinn er vettki veit,
þótt hann mæli til margt.

For the unwise man
who comes amid men,
it is best that he is silent;
none of them know
that he knows nothing,
unless he speaks too much;
no man knows,
that he knows nothing,
unless he speaks too much.

28. Fróðr sá þykkisk,
er fregna kann
ok segja it sama,
eyvitu leyna
megu ýta synir,
því er gengr um guma.

He is thought wise,
who knows how to question
and to speak the same,
nothing is hidden
from men's sons,
of what goes on with men.

29. Ærna mælir
sá er æva þegir,
staðlausu stafi;
hraðmælt tunga,

Much talks
he who is never silent,
of meaningless words;
the quick-speaking tongue,

nema haldendur eigi,	*unless it is held,*
oft sér ógótt of gelr.	*often speaks no good for itself.*

30. At augabragði	*A mockery*
skal-a maðr annan hafa,	*a man must not make of another,*
þótt til kynnis komi;	*when he comes to kin;*
margr þá fróðr þykkisk,	*many then think he is wise,*
ef hann freginn er-at	*when he is not asked,*
ok nái hann þurrfjallr þruma.	*and keeps his hide on his own mountain.*

31. Fróðr þykkisk,	*He thinks he is wise,*
sá er flótta tekr,	*he who takes flight,*
gestr at gest hæðinn;	*a guest from a mocking guest;*
veit-a görla	*he doesn't know surely,*
sá er of verði glissir,	*he who ridicules at a feast,*
þótt hann með grömum glami.	*though he blabbers amid foes.*

32. Gumnar margir	*Many men*
erusk gagnhollir	*are right friendly,*
en at virði vrekask;	*but fight at a feast;*
aldar róg	*strife with men*
þat mun æ vera,	*shall always be:*
órir gestr við gest.	*guest clashes against guest.*

33. Árliga verðar	*An early meal*
skyli maðr oft fá,	*a man must often take,*
nema til kynnis komi.	*unless he comes to kin.*
Sitr ok snópir,	*Otherwise he sits and hungers,*
lætr sem sólginn sé	*and acts as if starved*
ok kann fregna at fáu.	*and can speak little.*

34. Afhvarf mikit	*A great roundabout way*
er til ills vinar,	*it is to an ill-friend,*
þótt á brautu búi,	*though he lives on your street,*
en til góðs vinar	*but to a good friend*
liggja gagnvegir,	*a straight path leads,*
þótt hann sé firr farinn.	*though he has fared far away.*

35. Ganga skal-	*Go you must-*
skal-a gestr vera	*you must not be a guest*
ey í einum stað;	*in one place always;*
ljúfur verðr leiðr,	*the loved one becomes loathed*

ef lengi sitr	*if he sits too long*
annars fletjum á.	*in another's hall.*

36. Bú er betra,	*A dwelling is better,*
þótt lítit sé,	*though it is little,*
halr er heima hverr;	*where each is master in his home;*
þótt tvær geitr eigi	*if he owns two goats*
ok taugreftan sal,	*and a thatch-roof hall,*
þat er þó betra en bæn.	*that is better than begging.*

37. Bú er betra,	*A dwelling is better,*
þótt lítit sé,	*though it is little,*
halr er heima hverr;	*where each is master in his home;*
blóðugt er hjarta	*the heart is bloody*
þeim er biðja skal	*of the one who must beg*
sér í mál hvert matar.	*food for himself every meal-time.*

38. Vápnum sínum	*From his weapons*
skal-a maðr velli á	*a man in the field must not*
feti ganga framar,	*move one step away from,*
því at óvíst er at vita	*for who knows for certain*
nær verðr á vegum úti	*when he goes out on the roads,*
geirs um þörf guma.	*when a man needs a spear.*

39. Fannk-a ek mildan mann	*I did not find so mild a man*
eða svá matar góðan,	*or one so good with food,*
at væri-t þiggja þegit,	*that a gift was not accepted,*
eða síns féar	*or with his wealth*
svági [glöggvan],	*so free*
at leið sé laun, ef þægi.	*that gain is unwelcome, if gotten.*

40. Féar síns	*By his wealth,*
er fengit hefr	*when he has gained it,*
skyli-t maðr þörf þola;	*a man shall not suffer need;*
oft sparir leiðum	*often he spares for foes*
þats hefr ljúfum hugat;	*that which he has kept for dear ones;*
margt gengr verr en varir.	*much goes worse than it was.*

41. Vápnum ok váðum	*With weapons and clothes*
skulu vinir gleðjask;	*must friends gladden each other;*
þat er á sjálfum sýnst;	*with that which pleases themselves;*
viðurgefendr ok endrgefendr	*those giving back and giving again*

erusk lengst vinir,
ef þat bíðr at verða vel.

are the longest friends,
if it is to endure and be well.

42. Vin sínum
skal maðr vinr vera
ok gjalda gjöf við gjöf;
hlátr við hlátri
skyli hölðar taka
en lausung við lygi.

To his friend
must a man be a friend
and give a gift for gift;
mockery for mockery
must men take
and falsity for a lie.

43. Vin sínum
skal maðr vinr vera,
þeim ok þess vin;
en óvinar síns
skyli engi maðr
vinar vinr vera.

To his friend
must a man be a friend,
for himself and for the friend;
but of his foe
must no man
be the friend of a friend.

44. Veiztu, ef þú vin átt,
þann er þú vel trúir,
ok vilt þú af hánum gótt geta,
geði skaltu við þann blanda
ok gjöfum skipta,
fara at finna oft.

You know, if you have a friend,
in whom you well trust,
and you want to get good from him,
you must share your mind with him
and exchange gifts;
fare to find him often.

45. Ef þú átt annan,
þanns þú illa trúir,
vildu af hánum þó gótt geta,
fagrt skaltu við þann mæla
en flátt hyggja
ok gjalda lausung við lygi.

If you have another,
whom you ill trust,
yet you want to get good from him,
you must talk fair with him,
while thinking falsely,
and give falsity for a lie.

46. Það er enn of þann
er þú illa trúir
ok þér er grunr at hans geði:
hlæja skaltu við þeim
ok um hug mæla;
glík skulu gjöld gjöfum.

There is more however, of he
whom you ill trust
and whom you question his manner:
you must laugh with him
and speak about thoughts;
and so you must pay for those gifts.

47. Ungr var ek forðum,
fór ek einn saman:
þá varð ek villr vega;
auðigr þóttumk,

Long ago when I was young,
I fared alone:
then I became lost on my way;
I thought myself wealthy,

er ek annan fann;
Maðr er manns gaman.

when I found another;
man is man's pleasure.

48. Mildir, fræknir
menn bazt lifa,
sjaldan sút ala;
en ósnjallr maðr
uggir hotvetna,
sýtir æ glöggr við gjöfum.

Mild, courageous
men live best,
they seldom harbor sadness;
but the unwise man
fears everything,
and is ever grudging with gifts.

49. Váðir mínar
gaf ek velli at
tveim trémönnum;
rekkar þat þóttusk,
er þeir rift höfðu;
neiss er nökkviðr halr.

My clothes
I gave in a field
to two wooden men;
they thought themselves citizens,
when they had clothing;
a naked man is shamed.

50. Hrörnar þöll,
sú er stendr þorpi á,
hlýr-at henni börkr né barr;
svá er maðr,
sá er manngi ann.
Hvat skal hann lengi lifa?

The fir dies,
that which stands in the village,
when it has neither bark nor needles;
So is a man,
who is loved by nobody.
How can he live for long?

51. Eldi heitari
brennr með illum vinum
friðr fimm daga,
en þá slokknar
er inn sétti kemr
ok versnar allr vinskapr.

Hotter than fire
with false friendships burns
the frith (3) for five days,
but then it dies out
when the sixth day comes
and all friendship sours.

52. Mikit eitt
skal-a manni gefa;
oft kaupir sér í litlu lof-
með halfum hleif
ok með höllu keri
fékk ek mér félaga.

A great gift only
you must not give to a man;
often one buys oneself a little praise-
with half a loaf,
and with a swill of the tankard
I got myself a companion.

53. Lítilla sanda,
lítilla sæva,
lítil eru geð guma.
Því at allir menn

Of little sands,
of little seas,
little are the minds of men.
For all men

urðu-t jafnspakir;
half er öld hvar.

have not grown equally wise;
People are half each.

54. Meðalsnotr-
skyli manna hverr
æva til snotr sé;
þeim er fyrða
fegrst at lifa
er vel margt vitu.

Middle-wise-
each man must be,
never too wise;
for a man
it is fairest to live
when he knows well what he knows.

55. Meðalsnotr-
skyli manna hverr
æva til snotr sé,
því at snotrs manns hjarta
verðr sjaldan glatt,
ef sá er alsnotr, er á.

Middle-wise-
each man must be,
never too wise,
for the wise man's heart
is seldom glad,
if he is all-wise.

56. Meðalsnotr-
skyli manna hverr
æva til snotr sé;
örlög sín
viti engi fyrir,
þeim er sorgalausastr sefi.

Middle-wise-
each man must be,
never too wise;
of his orlay (9)
no-one before him knows,
he has the least sorrowful heart.

57. Brandr af brandi
brenn, unz brunninn er,
funi kveikisk af funa;
maðr af manni
verðr at máli kuðr
en til dælskr af dul.

Firewood from firewood
burns, until it is burnt,
flame kindles from flame;
man from man
becomes knowledgeable in speech,
but also foolish from folly.

58. Ár skal rísa
sá er annars vill
fé eða fjör hafa;
sjaldan liggjandi ulfr
lær of getr
né sofandi maðr sigr.

Early must rise
he who wants another's
wealth or life to have;
seldom a lying wolf
gets a ham,
nor a sleeping man victory.

59. Ár skal rísa
sá er á yrkjendr fá
ok ganga síns verka á vit;
margt of dvelr

Early must rise
he who has few workers,
and goes himself to work;
much to lose has

þann er um morgun sefr,
hálfur er auðr und hvötum.

he who sleeps through the morning,
for the diligent, wealth is half won.

60. Þurra skíða
ok þakinna næfra,
þess kann maðr mjöt,
ok þess viðar
er vinnask megi
mál ok misseri.

Of dry twigs
and bark roofing,
man knows the measure of this,
and of this wood
which will last
for the time and seasons.

61. Þveginn ok mettr
ríði maðr þingi at,
þótt hann sé-t væddr til vel;
Skúa ok bróka
skammisk engi maðr
né hests in heldr,
þátt hann hafi-t góðan

Clean and well-fed
a man rides to the Thing,
though he is not dressed too well;
of shoes and breeches
no man should be ashamed,
nor of his horse either,
though he does not have a good one.

62. Snapir ok gnapir,
er til sævar kemr,
örn á aldinn mar:
Svá er maðr
er með mörgum kemr
ok á formælendr fá.

Hungering and seeking,
when it comes to the sea
is the eagle on the old sea:
so is a man
who comes amid crowds
and has few spokesmen.

63. Fregna ok segja
skal fróðra hverr,
sá er vill heitinn horskr,
einn vita,
né annarr skal,
þjóð veit, ef þrír ro.

Question and speak
must each of the wise,
he who would be called wise:
one person can know
but another must not,
everyone knows if three do.

64. Ríki sitt
skyli ráðsnotra
hverr í hófi hafa;
þá hann þat finnr,
er með fræknum kemr
at engi er einna hvatastr.

His power
must the council-wise
each have in moderation;
then he finds that
when he comes amid the courageous
that none are the best.

65. Orða þeira,
er maðr öðrum segir
oft hann gjöld of getr.

For the words
which a man says to others
often he gets a pay-back.

66. Mikilsti snemma
kom ek í marga staði
en til síð í suma;
öl var drukkit,
sumt var ólagat,
sjaldan hittir leiðr í líð.

Much too soon
I came to many places,
and too late to others;
the ale was drunk,
or sometimes un-brewed,
a bad guest seldom gets bliss.

67. Hér ok hvar
myndi mér heim of boðit,
ef þyrftak at málungi mat,
eða tvau lær hengi
at ins tryggva vinar,
þars ek hafða eitt etit.

Here and there
I would be invited to a home,
if I needed no food at meals,
or two hams hung
at a trusted friend's,
where I had only eaten one.

68. Eldr er beztr
með ýta sonum
ok sólar sýn,
heilyndi sitt,
ef maðr hafa náir,
án við löst at lifa.

Fire is best
with men's sons
and the sight of the sun,
and his good health,
if a man can hold on to it,
and live without shame.

69. Er-at maðr alls vesall,
þótt hann sé illa heill;
sumr er af sonum sæll,
sumr af frændum,
sumr af fé ærnu,
sumr af verkum vel.

A man is not all wretched,
though he is in ill-health;
some are blessed with sons,
some with kinsmen,
some with abundant wealth,
some with good deeds.

70. Betra er lifðum
en sé ólifðum,
ey getr kvikr kú;
eld sá ek upp brenna
auðgum manni fyrir,
en úti var dauðr fyr durum.

It is better for the living
than for the un-living,
ever the living one gets the cow;
I saw fire burn up
a wealthy man before,
and the dead one was out before the door.

71. Haltr ríðr hrossi,
hjörð rekr handar vanr,
daufr vegr ok dugir,
blindr er betri
en brenndr séi,
nýtr manngi nás.

The lame one rides a horse,
the one-handed drives the herd,
the deaf one fights and is of use:
to be blind is better
than to be burnt,
a corpse is of use to no-one.

72. Sonr er betri,
þótt sé síð of alinn
eftir genginn guma;
sjaldan bautarsteinar
standa brautu nær,
nema reisi niðr at nið.

A son is better
though he is born late
after a man is gone;
memorial stones seldom
stand by the road,
unless raised by kinsman for kin.

73. Tveir ro eins herjar,
tunga er höfuðs bani;
er mér í heðin hvern
handar væni.

Two are one's destroyer,
the tongue is the bane of the head;
in every fur I
expect a fist.

74. Nótt verðr feginn
sá er nesti trúir,
skammar ro skips rár;
hverf er haustgríma
fjölð of viðrir
á fimm dögum
en meira á mánuði.

At night becomes happy
he who trusts in his travel-supplies,
a ship's facilities are short;
the autumn night is turning,
the weather varies
in five days,
and more in a month.

75. Veit-a hinn
er vettki veit,
margr verðr af aurum api;
maðr er auðigr,
annar óauðigr,
skyli-t þann vítka vár.

He does not know,
he who knows nothing;
many get this gain from apes;
one man is rich,
another is poor,
he must not blame his woe on the other.

76. Deyr fé,
deyja frændr,
deyr sjalfr it sama,
en orðstírr
deyr aldregi
hveim er sér góðan getr.

Cattle die,
kinsmen die,
you will die the same,
but words of honor
never die
for he who achieves goodness.

77. Deyr fé,
deyja frændr,
deyr sjalfr it sama,
ek veit einn
at aldrei deyr:
dómr um dauðan hvern.

Cattle die,
kinsmen die,
you will die the same,
I know one thing
that never dies:
the judgment of each of the dead.

78. Fullar grindr
sá ek fyr Fitjungs sonum,

Full stalls
I saw of Fitjung's sons,

nú bera þeir vonar völ;   *now they bear the beggar's staff;*
svá er auðr   *so is wealth*
sem augabragð,   *like the blink of an eye,*
hann er valtastr vina.   *it is an uncertain friend.*

79. Ósnotr maðr,   *The unwise man,*
ef eignask getr   *if he gets ownership*
fé eða fljóðs munuð,   *of wealth or a woman's love,*
metnaðr hánum þróask,   *pride grows in him,*
en mannvit aldregi: *but never good sense:*
fram gengr hann drjúgt í dul.   *for he blindly walks into folly.*

* * *

80. Þat er þá reynt,   *Then it is shown,*
er þú að rúnum spyrr   *when you ask of the runes*
inum reginkunnum,   *brought by the rulers,*
þeim er gerðu ginnregin   *those which the powerful rulers made*
ok fáði fimbulþulr;   *and the Great-Thule (13) stained:*
þá hefir hann bazt,   *then it is best for him*
ef hann þegir.   *if he is silent.*

81. At kveldi skal dag leyfa,   *The day is to be praised at evening,*
konu, er brennd er,   *a woman when she is burned,*
mæki, er reyndr er,   *a sword when it is tested,*
mey, er gefin er,   *a maiden when she is given away,*
ís, er yfir kemr,   *ice when it is overcome,*
öl, er drukkit er.   *ale when it is drunk.*

82. Í vindi skal við höggva,   *Wood is to be felled in the wind,*
veðri á sjó róa,   *in good weather row on the sea,*
myrkri við man spjalla,   *speak with maidens in the dark:*
mörg eru dags augu;   *the eyes of the day are many;*
á skip skal skriðar orka,   *a ship must travel swiftly,*
en á skjöld til hlífar,   *and a shield for help,*
mæki höggs,   *a sword for hewing,*
en mey til kossa.   *and a maiden for kisses.*

83. Við eld skal öl drekka,   *Drink ale by the fire,*
en á ísi skríða,   *and skate on the ice,*
magran mar kaupa,   *buy a lean horse,*
en mæki saurgan,   *and a tarnished sword,*

heima hest feita,
en hund á búi.

fatten a horse at home,
and a dog in the dwelling.

84. Meyjar orðum
skyli manngi trúa
né því, er kveðr kona,
því at á hverfanda hvéli
váru þeim hjörtu sköpuð,
brigð í brjóst of lagið.

In a maid's words
no-one must trust
nor in what a woman speaks,
for on a turning wheel
their hearts were shaped,
fickleness laid in their breasts.

85. Brestanda boga,
brennanda loga,
gínanda ulfi,
galandi kráku,
rýtanda svíni,
rótlausum viði,
vaxanda vági,
vellanda katli,

A breaking bow,
a burning flame,
a gaping wolf,
a croaking crow,
a bellowing swine,
a rootless tree,
a waxing wave,
a boiling kettle.

86. Fljúganda fleini,
fallandi báru,
ísi einnættum,
ormi hringlegnum,
brúðar beðmálum
eða brotnu sverði,
bjarnar leiki
eða barni konungs.

A flying arrow,
a falling wave,
ice of one night,
a coiled worm (16),
a bride's bed-talk
or a broken sword,
a bear's play
or the son of a king.

87. Sjúkum kalfi,
sjalfráða þræli,
völu vilmæli,
val nýfelldum.

A sick calf,
a self-willed slave,
a seeress's fine speech,
the slain newly felled.

88. Akri ársánum
trúi engi maðr
né til snemma syni,
veðr ræðr akri,
en vit syni;
hætt er þeira hvárt.

Acres sown early
no man should trust,
nor too soon in his son,
weather governs acres,
and wit the son;
Each of these are risky.

89. Bróðurbana sínum,
þótt á brautu mæti,
húsi hálfbrunnu,

In his brother's killer,
though met on the road,
in a half-burnt house,

hesti alskjótum, *in an unshod horse,*
þá er jór ónýtr, *then a horse is unusable*
ef einn fótr brotnar, *if one foot breaks;*
verði-t maðr svá tryggr *a man should not be so trustful*
at þessu trúi öllu. *that he trusts any of these.*

90. Svá er friðr kvenna, *As the frith (3) of women,*
þeira er flátt hyggja, *who are false in mind,*
sem aki jó óbryddum *like riding an unshod horse*
á ísi hálum, *on smooth ice,*
teitum, tvévetrum *a hyper two-year-old*
ok sé tamr illa, *and one ill-tamed,*
eða í byr óðum *or in a violent wind*
beiti stjórnlausu, *on a rudderless boat,*
eða skyli haltr henda *or if one must catch a lame*
hrein í þáfjalli. *reindeer on a thawed mountain.*

91. Bert ek nú mæli, *I now speak openly,*
því at ek bæði veit, *for I know both:*
brigðr er karla hugr konum; *a man's heart is fickle with women;*
þá vér fegrst mælum, *when we speak fairest,*
er vér flást hyggjum: *then we think falsest:*
þat tælir horska hugi. *it fools the wise heart.*

92. Fagurt skal mæla *Fairly he must talk*
ok fé bjóða *and offer wealth,*
sá er vill fljóðs ást fá, *he who would gain a woman's love,*
líki leyfa *praise the body*
ins ljósa mans: *of the fine maid:*
Sá fær er fríar. *he who flatters will take her.*

93. Ástar firna *Mock the love*
skyli engi maðr *must no man*
annan aldregi; *of another ever;*
oft fá á horskan, *often it effects the wise one,*
er á heimskan né fá, *rather than the fool,*
lostfagrir litir. *gorgeous fair looks.*

94. Eyvitar firna *Mock nothing*
er maðr annan skal, *of a man shall another,*
þess er um margan gengr guma; *what happens to many men;*
heimska ór horskum *fools out of the wise*

gerir hölða sonu
sá inn máttki munr.

men's sons are made
in mighty love.

95. Hugr einn þat veit
er býr hjarta nær,
einn er hann sér um sefa;
öng er sótt verri
hveim snotrum manni
en sér engu að una.

The mind only knows
what dwells in the heart,
each reasons to himself;
no sickness is worse
for he who is a wise man
than for him to like nothing.

96. Þat ek þá reynda
er ek í reyri sat
ok vættak míns munar;
hold ok hjarta
var mér in horska mær,
þeygi ek hana at heldr hefik.

I then showed that,
when in the reeds I sat
and waited for my love;
body and heart
was the maid to me in wisdom,
yet I do not have her.

97. Billings mey
ek fann beðjum á,
sólhvíta sofa;
jarls ynði
þótti mér ekki vera
nema við þat lík at lifa.

Billing's maid
I found on a bed,
sun-white, sleeping;
an earl's joy
seemed to me to be nothing
unless I lived with that body.

98. "Auk nær aftni
skaltu, Óðinn, koma,
ef þú vilt þér mæla man;
allt eru ósköp
nema einir viti
slíkan löst saman."

"And near evening
you must come, Odin,
if you want to speak with the maid;
all will be undone
unless we only know
such shame alone."

99. Aftr ek hvarf
ok unna þóttumk
vísum vilja frá;
hitt ek hugða
at ek hafa mynda
geð hennar allt ok gaman.

I turned back,
and seemed in love,
unwise from want;
I thought
that I shall have
all her mind and pleasure.

100. Svá kom ek næst
at in nýta var
vígdrótt öll of vakin,
með brennandum ljósum

So when I next came
in the night, were
all the warriors awake,
with burning lights

ok bornum viði,	*and swords raised,*
svá var mér vílstígr of vitaðr.	*so was my troubled trip revealed.*

101. Auk nær morgni,	*And near morning,*
er ek var enn of kominn,	*when I came again,*
þá var saldrótt sofin;	*then were the hall-warriors sleeping;*
grey eitt ek þá fann	*I then found only the dog*
innar góðu konu	*of the good woman*
bundit beðjum á.	*bound to the bed.*

102. Mörg er góð mær,	*Many good maidens,*
ef görva kannar,	*if readily sought,*
hugbrigð við hali.	*are fickle-minded with men.*
Þá ek þat reynda,	*I then proved that:*
er it ráðspaka	*the council-wise, would*
teygða ek á flærðir fljóð;	*I seduce in sneakiness the woman;*
háðungar hverrar	*her mockery*
leitaði mér it horska man,	*I got from the wise maid,*
ok hafða ek þess vettki vífs.	*and I had nothing of the woman.*

103. Heima glaðr gumi	*Be a happy man at home,*
ok við gesti reifr,	*and pleasant with guests,*
sviðr skal um sig vera,	*he must be wise in himself,*
minnigr ok málugr,	*mindful and well-spoken,*
ef hann vill margfróðr vera.	*if he would be greatly wise.*
Oft skal góðs geta;	*Often must he get goodness;*
fimbulfambi heitir	*a great fool is called*
sá er fátt kann segja,	*he who knows little to speak,*
þat er ósnotrs aðal.	*that is the trait of the unwise.*

104. Inn aldna jötun ek sótta,	*I sought the old ettin (2),*
nú em ek aftr of kominn:	*now I have come back:*
fátt gat ek þegjandi þar;	*I got little with silence there;*
mörgum orðum	*with many words*
mælta ek í minn frama	*I spoke for my advancement*
í Suttungs sölum.	*in Suttung's hall.*

105. Gunnlöð mér um gaf	*Gunnloth gave to me*
gullnum stóli á	*on a golden throne*
drykk ins dýra mjaðar;	*a drink of the dear mead;*
ill iðgjöld	*an ill-gift*
lét ek hana eftir hafa	*I let her have after,*

síns ins heila hugar, *for her whole heart,*
síns ins svára sefa. *for her tormented reasoning.*

106. Rata munn *The auger mouth*
létumk rúms of fá *let me make a little room,*
ok um grjót gnaga, *and gnawed through the stone;*
yfir ok undir *over and under*
stóðumk jötna vegir, *the ettins (2) stood in the way,*
svá hætta ek höfði til. *so I risked my head too.*

107. Vel keypts litar *Of well-bought looks*
hefi ek vel notit, *I have well benefited,*
fás er fróðum vant, *little is wanting for the wise;*
því at Óðrerir *for Óthrerir*
er nú upp kominn *has now come up*
á alda vés Jaðar. *from the old shrine of the ettins (2).*

108. Ifi er mér á *It is questionable to me,*
at ek væra enn kominn *that I would again come*
jötna görðum ór, *away from the ettins'(2) court,*
ef ek Gunnlaðar né nytak, *if I did not use Gunnloth,*
innar góðu konu, *the good woman,*
þeirar er lögðumk arm yfir. *whom I laid an arm over.*

109. Ins hindra dags *On the next day*
gengu hrímþursar *the frost ettins (2) went*
Háva ráðs at fregna *to ask Har's council*
Háva höllu í. *in Har's hall.*
At Bölverki þeir spurðu, *They asked about Bolverk,*
ef hann væri *if he had*
með böndum kominn *come into slavery,*
eða hefði hánum *or if of him*
Suttungr of sóit. *Suttung made a sacrifice.*

110. Baugeið Óðinn *A ring-oath Odin*
hygg ek, at unnið hafi; *I think, had sworn;*
hvat skal hans tryggðum trúa? *who must trust of his troth (15)?*
Suttung svikinn, *he cheated Suttung,*
hann lét sumbli frá *took his symbel,*
ok grætta Gunnlöðu. *and saddened Gunnloth.*

* * *

45

111. Mál er at þylja
þular stóli á
Urðarbrunni at,
sá ek ok þagðak,
sá ek ok hugðak,
hlydda ek á manna mál;
of rúnar heyrða ek dæma,
né of ráðum þögðu
Háva höllu at,
Háva höllu í,
heyrða ek segja svá:

It is time to speak
on the thule's (13) stool
at Urd's well,
I saw and was silent,
I saw and thought,
I listened to men's speech;
I heard the deemings of the runes,
not silent in councils
at Har's hall,
in Har's hall,
so I heard it said:

112. Ráðumk þér, Loddfáfnir,
en þú ráð nemir,
njóta mundu ef þú nemr,
þér munu góð ef þú getr:
nótt þú rís-at
nema á njósn séir
eða þú leitir þér innan út staðar.

I council you, Loddfáfnir,
if you will take the council,
it would benefit you if you took it,
it would be good if you get it:
do not rise at night,
unless you are visited
or you seek for yourself a place outside.

113. Ráðumk þér, Loddfáfnir,
en þú ráð nemir,
njóta mundu ef þú nemr,
þér munu góð ef þú getr:
fjölkunnigri konu
skal-at-tu í faðmi sofa,
svá at hon lyki þik liðum.

I council you, Loddfáfnir,
if you will take the council,
it would benefit you if you took it,
it would be good if you get it:
of a magic-cunning woman
you must not embrace in sleep,
so that she locks you in her limbs.

114. Hon svá gerir
at þú gáir eigi
þings né þjóðans máls;
mat þú vill-at
né mannskis gaman,
ferr þú sorgafullr að sofa.

In that way she will ensure
that you do not follow
the speech of the Thing or king;
you will not want food
or mankind's pleasure:
you will fare sorrowfully to sleep.

115. Ráðumk þér, Loddfáfnir,
en þú ráð nemir,
njóta mundu ef þú nemr,
þér munu góð ef þú getr:
annars konu
teygðu þér aldregi
eyrarúnu at.

I council you, Loddfáfnir,
if you will take the council,
it would benefit you if you took it,
it would be good if you get it:
the wife of another
never lure to you
for a mistress.

116. Ráðumk þér, Loddfáfnir,
en þú ráð nemir,
njóta mundu ef þú nemr,
þér munu góð ef þú getr:
á fjalli eða firði,
ef þik fara tíðir,
fásktu at virði vel.

I council you, Loddfáfnir,
if you will take the council,
it would benefit you if you took it,
it would be good if you get it:
on mountain or fjord,
if you wish to fare,
stock up well with food.

117. Ráðumk þér, Loddfáfnir,
en þú ráð nemir,
njóta mundu ef þú nemr,
þér munu góð ef þú getr:
illan mann
láttu aldregi
óhöpp at þér vita,
því at af illum manni
fær þú aldregi
gjöld ins góða hugar.

I council you, Loddfáfnir,
if you will take the council,
it would benefit you if you took it,
it would be good if you get it:
an evil man
never let
know your unhappiness,
for from an evil man
you will never receive
pay-back for good thoughts.

118. Ofarla bíta
ek sá einum hal,
orð illrar konu;
fláráð tunga
varð hánum at fjörlagi
ok þeygi of sanna sök.

Harshly bitten
I saw one man,
by the ill-words of a woman;
the wicked tongue
was his demise,
though the accusation was untrue.

119. Ráðumk þér, Loddfáfnir,
en þú ráð nemir,
njóta mundu ef þú nemr,
þér munu góð ef þú getr:
veistu, ef þú vin átt
þann er þú vel trúir,
far þú at finna oft,
því at hrísi vex,
ok hávu grasi,
vegr, er vættki treðr.

I council you, Loddfáfnir,
if you will take the council,
it would benefit you if you took it,
it would be good if you get it:
you know, if you have a friend
whom you well trust,
fare to find him often:
for weeds grow,
and high grass,
on the way which no-one treads.

120. Ráðumk þér, Loddfáfnir,
en þú ráð nemir,
njóta mundu ef þú nemr,
þér munu góð ef þú getr:

I council you, Loddfáfnir,
if you will take the council,
it would benefit you if you took it,
it would be good if you get it:

góðan mann	*a good man*
teygðu þér at gamanrúnum	*find with pleasant runes,*
ok nem líknargaldr	*and take healing-charms*
meðan þú lifir.	*while you live.*

121. Ráðumk þér, Loddfáfnir,	*I council you, Loddfáfnir,*
en þú ráð nemir,	*if you will take the council,*
njóta mundu ef þú nemr,	*it would benefit you if you took it,*
þér munu góð ef þú getr:	*it would be good if you get it:*
vin þínum	*with your friend*
ver þú aldregi	*you should never be*
fyrri at flaumslitum;	*first to break ties;*
sorg etr hjarta,	*sorrow eats the heart*
ef þú segja né náir	*if you cannot tell*
einhverjum allan hug.	*all your thoughts to someone.*

122. Ráðumk þér, Loddfáfnir,	*I council you, Loddfáfnir,*
en þú ráð nemir,	*if you will take the council,*
njóta mundu ef þú nemr,	*it would benefit you if you took it,*
þér munu góð ef þú getr:	*it would be good if you get it:*
orðum skipta	*exchange words*
þú skalt aldregi	*you must never*
við ósvinna apa.	*with an unwise ape.*

123. Því at af illum manni	*For from an evil man*
mundu aldregi	*you will never*
góðs laun of geta,	*get a good reward,*
en góðr maðr	*but with a good man*
mun þik gerva mega	*you can gain*
líknfastan at lofi.	*affection with praise.*

124. Sifjum er þá blandat,	*Kinship is then shared*
hver er segja ræðr	*when one speaks the council*
einum allan hug;	*of all thoughts to another;*
allt er betra	*all is better*
en sé brigðum at vera;	*than to be unreliable;*
er-a sá vinr öðrum,	*he is not the friend of another*
er vilt eitt segir.	*who will only flatter.*

125. Ráðumk þér, Loddfáfnir,	*I council you, Loddfáfnir,*
en þú ráð nemir,	*if you will take the council,*
njóta mundu ef þú nemr,	*it would benefit you if you took it,*
þér munu góð ef þú getr:	*it would be good if you get it:*

þrimr orðum senna
skal-at-tu þér við verra mann;
oft inn betri bilar,
þá er inn verri vegr.

Argue three words
you must not with a worse man;
often the better one loses,
when the worse one asserts.

126. Ráðumk þér, Loddfáfnir,
en þú ráð nemir,
njóta mundu ef þú nemr,
þér munu góð ef þú getr:
skósmiðr þú verir
né skeftismiðr,
nema þú sjálfum þér séir,
skór er skapaðr illa
eða skaft sé rangt,
þá er þér böls beðit.

I council you, Loddfáfnir,
if you will take the council,
it would benefit you if you took it,
it would be good if you get it:
neither a shoe-maker
nor a spear shaft-maker,
unless for yourself only;
if the shoe is ill-shaped
or the shaft is curved,
then you will be thought badly of.

127. Ráðumk þér, Loddfáfnir,
en þú ráð nemir,
njóta mundu ef þú nemr,
þér munu góð ef þú getr:
hvars þú böl kannt,
kveð þú þér bölvi at
ok gef-at þínum fjándum frið.

I council you, Loddfáfnir,
if you will take the council,
it would benefit you if you took it,
it would be good if you get it:
when you know of evil,
speak of the evil
and give your enemies no frith (3).

128. Ráðumk þér, Loddfáfnir,
en þú ráð nemir,
njóta mundu ef þú nemr,
þér munu góð ef þú getr:
illu feginn,
ver þú aldregi,
en lát þér at góðu getit.

I council you, Loddfáfnir,
if you will take the council,
it would benefit you if you took it,
it would be good if you get it:
happy about evil,
never be,
but rejoice over good.

129. Ráðumk þér, Loddfáfnir,
en þú ráð nemir,
njóta mundu ef þú nemr,
þér munu góð ef þú getr:
upp líta
skal-at-tu í orrustu,
gjalti glíkir
verða gumna synir
síðr þitt um heilli halir.

I council you, Loddfáfnir,
if you will take the council,
it would benefit you if you took it,
it would be good if you get it:
stare upwards
you must not in battle,
the likes of panic
comes to men's sons:
you could be enchanted by wizards.

130. Ráðumk þér, Loddfáfnir,
en þú ráð nemir,
njóta mundu ef þú nemr,
þér munu góð ef þú getr:
ef þú vilt þér góða konu
kveðja at gamanrúnum
ok fá fögnuð af,
fögru skaltu heita
ok láta fast vera;
leiðisk manngi gótt, ef getr.

I council you, Loddfáfnir,
if you will take the council,
it would benefit you if you took it,
it would be good if you get it:
if you want yourself a good woman,
speak with pleasing runes
and have enjoyment,
you must pledge fairly
and be steadfast;
no-one hates good when it's gotten.

131. Ráðumk þér, Loddfáfnir,
en þú ráð nemir,
njóta mundu ef þú nemr,
þér munu góð ef þú getr:
varan bið ek þik vera
ok eigi ofvaran;
ver þú við öl varastr
ok við annars konu,
ok við þat it þriðja,
at þjófar né leiki.

I council you, Loddfáfnir,
if you will take the council,
it would benefit you if you took it,
it would be good if you get it:
I suggest you be wary
but not over-wary;
be cautious with ale the most
and with the woman of another,
and with a third:
that thieves do not deceive you.

132. Ráðumk þér, Loddfáfnir,
en þú ráð nemir,
njóta mundu ef þú nemr,
þér munu góð ef þú getr:
at háði né hlátri,
hafðu aldregi,
gest né ganganda.

I council you, Loddfáfnir,
if you will take the council,
it would benefit you if you took it,
it would be good if you get it:
neither tease nor laugh,
do no such thing,
To a guest or a traveler.

133. Oft vitu ógörla,
þeir er sitja inni fyrir,
hvers þeir ro kyns, er koma;
er-at maðr svá góðr
at galli né fylgi,
né svá illr, at einugi dugi.

Often no-one knows for sure,
who those are that sit before you within,
whose kin they are, who have come;
a man is not so good
that no fault follows him,
nor any so evil that they are of no use.

134. Ráðumk þér, Loddfáfnir,
en þú ráð nemir,
njóta mundu ef þú nemr,
þér munu góð ef þú getr:
at hárum þul
hlæ þú aldregi,

I council you, Loddfáfnir,
if you will take the council,
it would benefit you if you took it,
it would be good if you get it:
at a gray-haired thule (13)
you should never laugh,

oft er gótt þat er gamlir kveða;
oft ór skörpum belg
skilin orð koma
þeim er hangir með hám
ok skollir með skrám
ok váfir með vílmögum.

often what the old say is good;
often out of wrinkled skin
come clear words,
from he who hangs amid hides
and droops amid dried skins
and walks amid entrails.

135. Ráðumk þér, Loddfáfnir,
en þú ráð nemir,
njóta mundu ef þú nemr,
þér munu góð ef þú getr:
gest þú né geyja
né á grind hrekir,
get þú váluðum vel.

I council you, Loddfáfnir,
if you will take the council,
it would benefit you if you took it,
it would be good if you get it:
do not insult a guest
nor shove him from the door,
receive the destitute well.

136. Rammt er þat tré,
er ríða skal
öllum at upploki.
Baug þú gef,
eða þat biðja mun
þér læs hvers á liðu.

That beam is strong,
which must move
to open for all.
You should give a ring,
or it will bring down
every trouble on your limbs.

137. Ráðumk þér, Loddfáfnir,
en þú ráð nemir,
njóta mundu ef þú nemr,
þér munu góð ef þú getr:
hvars þú öl drekkir,
kjós þér jarðar megin,
því at jörð tekr við ölðri,
en eldr við sóttum,
eik við abbindi,
ax við fjölkynngi,
höll við hýrógi,
heiftum skal mána kveðja,
beiti við bitsóttum,
en við bölvi rúnar,
fold skal við flóði taka.

I council you, Loddfáfnir,
if you will take the council,
it would benefit you if you took it,
it would be good if you get it:
when you drink ale,
choose the earth's main (6),
for earth works against ale,
and fire against sickness,
oak against constipation,
grain against sorcery,
the hall against house-strife,
the moon must speak against hate,
alum against bite-sickness,
and against evil the runes,
earth must work against the flood.

* * *

138. Veit ek, at ek hekk
vindgameiði á
nætr allar níu,

I know that I hung
on a windy tree
all of nine nights,

geiri undaðr
ok gefinn Óðni,
sjalfur sjalfum mér,
á þeim meiði
er manngi veit
hvers af rótum renn.

wounded with a spear
and given to Odin,
myself to myself,
on that tree
which nobody knows
from what roots it sprang.

139. Við hleifi mik sældu,
né við hornigi,
nýsta ek niðr,
nam ek upp rúnar,
æpandi nam,
fell ek aftr þaðan.

I was not pleased with a loaf,
nor with a horn,
I looked beneath,
I took up the runes,
yelling I took them,
then I fell back from there.

140. Fimbulljóð níu
nam ek af inum frægja syni
Bölþorns, Bestlu föður,
ok ek drykk of gat
ins dýra mjaðar,
ausin Óðreri.

Nine great songs
I took from the famous son
of Bolthorn, Bestla's father,
and I got a drink
of the dear mead,
out of Óthrerir.

141. Þá nam ek frævask
ok fróðr vera
ok vaxa ok vel hafask,
orð mér af orði,
orðs leitaði,
verk mér af verki,
verks leitaði.

Then I prospered
and was wise
and grew and gained;
my words from words,
obtained words,
my works from works,
obtained works.

142. Rúnar munt þú finna
ok ráðna stafi,
mjök stóra stafi,
mjök stinna stafi,
er fáði fimbulþulr
ok gerðu ginnregin
ok reist Hroftr rögna.

You can find runes,
and council staves,
very strong staves,
very powerful staves,
which the Great-Thule (13) stained,
and the great rulers made,
and Hroptr of the rulers risted (10).

143. Óðinn með ásum,
en fyr alfum Dáinn,
Dvalinn ok dvergum fyrir,
Ásviðr jötnum fyrir,
ek reist sjalfr sumar.

Odin amid Æsir (1),
and for elves Dainn,
and Dvalinn for the dwarfs,
Ásvith for the ettins (2);
I risted (10) some myself.

144. Veistu hvé rísta skal?
Veistu hvé ráða skal?
Veistu hvé fáa skal?
Veistu hvé freista skal?
Veistu hvé biðja skal?
Veistu hvé blóta skal?
Veistu hvé senda skal?
Veistu hvé sóa skal?

Do you know how you must rist (10)?
Do you know how you must council?
Do you know how you must stain?
Do you know how you must try?
Do you know how you must bid?
Do you know how you must sacrifice?
Do you know how you must send?
Do you know how you must immolate?

145. Betra er óbeðit
en sé ofblótit,
ey sér til gildis gjöf;
betra er ósent
en sé ofsóit.
Svá Þundr of reist
fyr þjóða rök,
þar hann upp of reis,
er hann aftr of kom.

It is better not offered
than over-sacrificed:
for the yield there is always a gift,
It is better not sent
than over-immolated.
So Thundr risted (10)
before the history of the tribes,
when he rose up,
when he came back.

146. Ljóð ek þau kann
er kann-at þjóðans kona
ok mannskis mögr.
Hjalp heitir eitt,
en þat þér hjalpa mun
við sökum ok sorgum
ok sútum görvöllum.

I know songs
which a king's wife does not know,
and no-one's son.
One is called Help,
and it will help you
with disagreements and sorrows
and all sadnesses.

147. Þat kann ek annat:
er þurfu ýta synir,
þeir er vilja læknar lifa.

I know a second:
which men's sons need,
those who would live as healers.

148. Það kann ek þriðja:
ef mér verðr þörf mikil,
hafts við mína heiftmögu,
eggjar ek deyfi
minna andskota,
bíta-t þeim vápn né velir.

I know a third:
if there comes a great need for me,
for a binding against my opponent,
I dull the edges
of my foes,
their weapons and trickery do not bite.

149. Þat kann ek it fjórða:
ef mér fyrðar bera
bönd að boglimum,
svá ek gel,
at ek ganga má,

I know a fourth:
if on me warriors bear
bonds on the limbs,
so I chant,
that I may go,

sprettr mér af fótum fjöturr,
en af höndum haft.

the bonds spring from my feet,
and the bonds from my hands.

150. Þat kann ek it fimmta:
ef ek sé af fári skotinn,
flein í folki vaða,
fýgr-a hann svá stinnt
at ek stöðvig-a-k,
ef ek hann sjónum of sék.

I know a fifth:
if I see a speeding shot,
a spear fly into the folk,
it does not fly so boldly
that I cannot stop it,
if I see the sight of it.

151. Þat kann ek it sétta:
ef mik særir þegn
á vrótum hrás viðar,
ok þann hal
er mik heifta kveðr,
þann eta mein heldr, en mik.

I know a sixth:
if a thane wounds me
with the roots of a wild tree,
then for the man
who invokes hatreds to me,
he eats harm, not me.

152. Þat kann ek it sjaunda:
ef ek sé hávan loga
sal um sessmögum,
brennr-at svá breitt,
at ek hánum bjargig-a-k;
þann kann ek galdr at gala.

I know a seventh:
if I see a high flaming
hall around sitting sons,
it does no burn so bright
that I cannot protect it;
when I know the chant to sing.

153. Þat kann ek it átta:
er öllum er
nytsamligt at nema:
hvars hatr vex
með hildings sonum,
þat má ek bæta brátt.

I know an eighth:
which for all is
useful to take:
where hate grows
amid warriors' sons,
I may swiftly remedy it.

154. Þat kann ek it níunda:
ef mik nauðr um stendr
at bjarga fari mínu á floti,
vind ek kyrri
vági á
ok svæfik allan sæ.

I know a ninth:
if through storms I need
to protect my boat on the sea,
I calm the wind
on the wave
and put all the sea to sleep.

155. Þat kann ek it tíunda:
ef ek sé túnriður
leika lofti á,
ek svá vinnk
at þær villar fara

I know a tenth:
if I see hags
playing in the sky,
I so determine
that they fare away

sinna heimhama,	*from their soul's skins,*
sinna heimhuga.	*from their normal thoughts.*

156. Þat kann ek it ellifta:	*I know an eleventh:*
ef ek skal til orrustu	*if to battle I must*
leiða langvini,	*lead long-time friends;*
und randir ek gel,	*under shields I chant,*
en þeir með ríki fara	*so they fare with power*
heilir hildar til,	*whole to the battle,*
heilir hildi frá,	*whole from the battle,*
koma þeir heilir hvaðan.	*they come whole from everywhere.*

157. Þat kann ek it tolfta:	*I know a twelfth:*
ef ek sé á tré uppi	*if up in a tree I see*
váfa virgilná,	*a hanged one dangling,*
svá ek ríst	*so I rist (10)*
ok í rúnum fák	*and stain runes*
at sá gengr gumi	*that the man comes*
ok mælir við mik.	*and talks with me.*

158. Þat kann ek it þrettánda:	*I know a thirteenth:*
ef ek skal þegn ungan	*if a young thane I shall*
verpa vatni á,	*throw water on,*
mun-at hann falla,	*he cannot fall,*
þótt hann í folk komi:	*though he comes to the host:*
hnígr-a sá halr fyr hjörum.	*the man does not sink before swords.*

159. Þat kann ek it fjögurtánda:	*I know a fourteenth:*
ef ek skal fyrða liði	*if an army and people I must*
telja tíva fyrir,	*tell of the gods before them,*
ása ok alfa	*of Æsir (1) and Elves*
ek kann allra skil;	*I know all clearly;*
fár kann ósnotr svá.	*few of the unwise know so.*

160. Þat kann ek it fimmtánda:	*I know a fifteenth:*
er gól Þjóðrerir	*which chanted Thjóthrerir*
dvergr fyr Dellings durum:	*the dwarf before Delling's doors:*
afl gól hann ásum,	*he chanted power for the Æsir (1),*
en alfum frama,	*advancement for the elves,*
hyggju Hroftatý.	*for the intelligence of Hroftatyr.*

161. Þat kann ek it sextánda:	*I know a sixteenth:*
ef ek vil ins svinna mans	*if of a wise maiden I would*

hafa geð allt ok gaman,
hugi ek hverfi
hvítarmri konu,
ok sný ek hennar öllum sefa.

have all her mind and pleasure,
I turn the thoughts
of the white-armed woman,
and I switch all her reasoning.

162. Þat kann ek it sjautjánda:
at mik mun seint firrask
it manunga man.
Ljóða þessa
mun þú, Loddfáfnir,
lengi vanr vera;
þó sé þér góð, ef þú getr,
nýt ef þú nemr,
þörf ef þú þiggr.

I know a seventeenth:
that will not slowly forgo me
the youthful maiden.
These songs
will you, Loddfáfnir,
for a long-while be lacking;
though for you will be good if you can get,
they will be useful if you take them,
needful if you accept them.

163. Þat kann ek it átjánda:
er ek æva kennik
mey né manns konu,
allt er betra
er einn um kann;
þat fylgir ljóða lokum,
nema þeiri einni
er mik armi verr
eða mín systir sé.

I know an eighteenth:
which I neither let know
to a maid nor to a man's wife,
all is better
when one knows about it;
it follows the last of the songs,
unless to her only
who is wound in my arm
or my is sister.

164. Nú eru Háva mál
kveðin Háva höllu í,
allþörf ýta sonum,
óþörf jötna sonum.
Heill sá, er kvað,
heill sá, er kann,
njóti sá, er nam,
heilir, þeirs hlýddu.

Now are Hár's words
spoken in Har's hall,
all-needful to men's sons,
un-needed by ettin's (2) sons.
Hail to him who spoke,
hail to him who knows,
prosperity to him who took them,
hallowed are those who heard.

Wordhoard

1. *Æsir* – one of the two tribes of Germanic gods; the gods who live in Asgard and in whom are the powers of "consciousness and force" (Thorsson, *A Book of Troth* 39).
2. *Ettin* – a type of giant; an inhabitant of Jötunheim (Giant-Land). Ettins can be of any size, are powerful, are of great age and are non-evolving beings who are neutral and who can side with either the gods or the thurses (see below) (Thorsson, *Runelore* 188).
3. *Frith* – usually translated as "peace," this word specifically refers to the special peace, comfort and well-being that is found only amongst one's own. Women in particular are considered to be an abundant source of frith.
4. *Hof* – a Germanic heathen temple.
5. *Harrow* – ON *hörg:* altar.
6. *Main* – OE *mægen*, as in "might and main;" force, power, strength, energy, equivalent to the Roman concept of *numen*.
7. *Midgard* – "Middle-Earth," the dwelling place of humans.
8. *Od* – ON *óðr*, OE w*od*, rage, inspiration, divine passions, *Óðr* is also the name of Freyja's husband. The word further refers to "energy," main, vril.
9. *Orlay* – OE *orlæg*, "primordial law." This word is impossible to translate accurately into modern English. The word is usually translated as "fate" or "destiny," however this meaning is not exactly accurate. *Örlög/orlæg* literally means "Ur- (primordial) layers:" the layers of action a person "lays down" in the Well of Wyrd (Urd); the debts and rewards of past deeds waiting to be dealt back out, which therefore comprise one's fate or destiny as well.
10. *Rist* – to carve.
11. *Symbel* – ON *sumbl*, OE *symbel* refers to a feast, but also specifically to the sacred Germanic drinking ritual in which mead or ale is drunk from a horn and is accompanied by rounds of "boasts." In this instance, the word is being used to refer to the mead which Odin stole from Suttung.
12. *Tafl* – a Germanic board game played by the ancient Norse and Anglo-Saxons that is similar in some ways to chess.
13. *Thule* – OE *thyle,* a Germanic speaker, sage or judge; "the Great-Thule" refers to Odin.
14. *Thurs* – a type of giant; they are of great age, are characterized by stupidity, and are the forces of non-consciousness which are actively

antagonistic to the gods. They seek to destroy consciousness through their entropy (Thorsson, *Runelore* 188).

15. *Troth* – OE *treow, trow.* truth, trust, an oath: something firm, solid and steadfast (Thorsson, *A Book of Troth* 1-2).

16. *Worm* – "dragon" or large serpent, usually thought of as evil or symbolic of evil.

17. *Vanir* – the other tribe of Germanic gods who live in Vanaheim and in whom are centered "the organic powers of nature" (Thorsson, *A Book of Troth* 39).

Old Norse Pronunciation Guide

Consonants

b as in bat
c as in cat
d as in dog
ð as in this
f (initial) as in fast. Middle or final, as in vast.
g (initial) as in good. Before s or t: as the "ch" in Scottish loch. Otherwise: voiced
h as in hand
j as in yell
k as in can. Before s or t: as in loch
l as in last
m as in man
n as in need
p as in happy. Before s or t: as in far
q as in call
r as in roof (trilled)
s as in sat
t as in time
v as in victory
w as in win
x as in lochs (Scottish)
z as in cats (German z)
þ as in thin

Vowels

a as in artistic
á father
e as in bet (short)
é as in say or as the full word yay
i as in sit
í ee as in feet
o as in omit
ó as in mote
u u as in put
ú as in droop

y ü as in German München (short)
ý ü as in German Füße (long)
æ as in sight
ǫ́ as in naught (long)
ǫ au as in naught (short)
ø same as ö (see below)
œ as in slur

ON ö is similar to German ö. The sound is not found in English, but is similar to the 'i' in girl or Sir. Pronounce a normal o but with your lips more closed and held tightly to your teeth. Listen to Scandinavian or German speakers say this letter to learn its proper pronunciation.

Diphthongs

au as in cow, or as in soy
ei as in say
ey ON e+y

Attributions

Cover:

By bep - Own work, CC BY-SA 3.0,
https://commons.wikimedia.org/w/index.php?curid=43670809